In Celebration Of:

_____

Date: _____

Place: _____

baby sprinkle & co.
Find us at Amazon.com/Author/BabySprinkle

Copyright ©Baby Sprinkle & Co.™
All Rights Reserved.

Guests

Guest Name

....
....

Advice for Parents

....
....
....

Wishes for Baby

....
....
....
....

Guest Name
....
....

Advice for Parents
....
....
....

Wishes for Baby
....
....
....
....

Guest Name

Advice for Parents

Wishes for Baby

Guest Name
....
....

Advice for Parents
....
....
....

Wishes for Baby
....
....
....

Guest Name
....
....

Advice for Parents
....
....
....

Wishes for Baby
....
....
....

Guest Name

....
....

Advice for Parents

....
....
....

Wishes for Baby

....
....
....

Guest Name

....

....

Advice for Parents

....

....

....

Wishes for Baby

....

....

....

Guest Name

Advice for Parents

Wishes for Baby

Guest Name

....

....

Advice for Parents

....

....

....

Wishes for Baby

....

....

....

....

Guest Name
....
....

Advice for Parents
....
....
....

Wishes for Baby
....
....
....

Guest Name
....
....

Advice for Parents
....
....
....

Wishes for Baby
....
....
....

Guest Name
....
....

Advice for Parents
....
....
....

Wishes for Baby
....
....
....

Guest Name
....
....

Advice for Parents
....
....
....

Wishes for Baby
....
....
....
....

Guest Name
....
....

Advice for Parents
....
....
....

Wishes for Baby
....
....
....

Guest Name

....

....

Advice for Parents

....

....

....

Wishes for Baby

....

....

....

....

Guest Name
....
....

Advice for Parents
....
....
....

Wishes for Baby
....
....
....

Guest Name

....

....

Advice for Parents

....

....

....

Wishes for Baby

....

....

....

....

Guest Name

....

....

Advice for Parents

....

....

....

Wishes for Baby

....

....

....

Guest Name

....

....

Advice for Parents

....

....

....

....

Wishes for Baby

....

....

....

....

Guest Name
....
....

Advice for Parents
....
....
....

Wishes for Baby
....
....
....

Guest Name

....

....

Advice for Parents

....

....

....

Wishes for Baby

....

....

....

....

Guest Name
....
....

Advice for Parents
....
....
....

Wishes for Baby
....
....
....

Guest Name
....
....

Advice for Parents
....
....
....

Wishes for Baby
....
....
....
....

Guest Name

....

....

Advice for Parents

....

....

....

Wishes for Baby

....

....

....

....

Guest Name

....

....

Advice for Parents

....

....

....

Wishes for Baby

....

....

....

Guest Name

Advice for Parents

Wishes for Baby

Guest Name
....
....

Advice for Parents
....
....
....
....

Wishes for Baby
....
....
....
....

Guest Name
....
....

Advice for Parents
....
....
....

Wishes for Baby
....
....
....
....

Guest Name

....

....

Advice for Parents

....

....

....

Wishes for Baby

....

....

....

Guest Name

....

....

Advice for Parents

....

....

....

Wishes for Baby

....

....

....

Guest Name

Advice for Parents

Wishes for Baby

Guest Name
....
....

Advice for Parents
....
....
....

Wishes for Baby
....
....
....
....

Guest Name
....
....

Advice for Parents
....
....
....

Wishes for Baby
....
....
....

Guest Name

....

....

Advice for Parents

....

....

....

Wishes for Baby

....

....

....

....

Guest Name

....

....

Advice for Parents

....

....

....

Wishes for Baby

....

....

....

....

Guest Name

....

....

Advice for Parents

....

....

....

Wishes for Baby

....

....

....

Guest Name

Advice for Parents

Wishes for Baby

Guest Name
....
....

Advice for Parents
....
....
....

Wishes for Baby
....
....
....
....

Guest Name

....

....

Advice for Parents

....

....

....

Wishes for Baby

....

....

....

Guest Name
....
....

Advice for Parents
....
....
....

Wishes for Baby
....
....
....

Photos & Mementos.

• GIFT LOG •

· GIFT RECEIVED ·	· GIVEN BY ·	THANK YOU NOTE SENT
		○
		○
		○
		○
		○
		○
		○
		○
		○
		○
		○
		○
		○
		○

GIFT LOG

• GIFT RECEIVED •	• GIVEN BY •	THANK YOU NOTE SENT
		○
		○
		○
		○
		○
		○
		○
		○
		○
		○
		○
		○
		○

GIFT LOG

• GIFT RECEIVED •   • GIVEN BY •   THANK YOU NOTE SENT

GIFT LOG

• GIFT RECEIVED •	• GIVEN BY •	THANK YOU NOTE SENT
		○
		○
		○
		○
		○
		○
		○
		○
		○
		○
		○
		○
		○

GIFT LOG

· GIFT RECEIVED ·	· GIVEN BY ·	THANK YOU NOTE SENT
		○
		○
		○
		○
		○
		○
		○
		○
		○
		○
		○
		○
		○

GIFT LOG

• GIFT RECEIVED •	• GIVEN BY •	THANK YOU NOTE SENT
_____	_____	○
_____	_____	○
_____	_____	○
_____	_____	○
_____	_____	○
_____	_____	○
_____	_____	○
_____	_____	○
_____	_____	○
_____	_____	○
_____	_____	○
_____	_____	○
_____	_____	○

GIFT LOG

• GIFT RECEIVED • • GIVEN BY • THANK YOU NOTE SENT

GIFT LOG

• GIFT RECEIVED •	• GIVEN BY •	THANK YOU NOTE SENT
		○
		○
		○
		○
		○
		○
		○
		○
		○
		○
		○
		○
		○
		○

GIFT LOG

• GIFT RECEIVED •   • GIVEN BY •   THANK YOU NOTE SENT

GIFT LOG

• GIFT RECEIVED •   • GIVEN BY •   THANK YOU NOTE SENT

Made in the USA
Columbia, SC
25 June 2025